Analizando la Enseñanza de la Labor: La Guía de Dios para el Trabajo

La Enseñanza del Trabajo en la Biblia

Sermones Bíblicos

Published by Seminit Publications, 2023.

ANALIZANDO LA ENSEÑANZA DE LA LABOR: LA GUÍA DE DIOS PARA EL TRABAJO

First edition. March 28, 2023.

Written by Sermones Bíblicos.

Tabla de Contenido

Dedication

Proverbios 27:18. *El que guarda la higuera comerá del fruto de ella; y será honrado el que espera a su señor. Como en el agua el rostro responde al rostro, así el corazón del hombre al hombre.*

Si miro en el agua, veo el reflejo de mi propio rostro, no el de otro hombre; y si miro a la sociedad, probablemente veré hombres de ideas afines a las mías. ¿Cómo es que un borracho siempre descubre borrachos? ¿Cómo es que los hombres lascivos siempre tienen una mala opinión de la moralidad de los demás? ¿Cómo es que los hipócritas siempre piensan que otras personas son hipócritas? Por qué, porque pueden ver el reflejo de sus propios rostros. Cuando un hombre me dice que no hay amor en la Iglesia de Dios, sé que es porque ve su propio rostro y sabe que no hay amor en él. Por lo general, encontrará que los hombres miden el maíz de otras personas con sus propios bushels. Están seguros de repartir a los demás según su propia medida; y así inconscientemente se traicionan a sí mismos.

— **Charles Spurgeon**

La Guía de Dios para el Trabajo: Descubriendo la Voluntad de Dios para una Labor en Particular

Introducción

———

Cuando los cristianos preguntan sobre el llamado, a menudo queremos decir: "¿Me está llamando Dios? ¿Hay algún trabajo, carrera o tipo de labor específico?" Esta es una pregunta importante porque el trabajo que hacemos es importante para Dios. Si el trabajo es importante, tiene sentido preguntar qué trabajo quiere Dios que hagamos.

En la Biblia, Dios llama a las personas, al menos a algunas, a trabajos específicos, y proporciona todo tipo de orientación en sus trabajos. Entonces, como respuesta preliminar, podemos decir "sí". Dios dirige a las personas a ciertos trabajos, ocupaciones y tipos de trabajos. Pero en la Biblia, el concepto de llamado va más allá de cualquier aspecto particular de la vida. Dios llama a las personas a unirse a él en cada área de la vida. Esto sólo puede suceder en respuesta al llamado de Cristo a seguirlo. El llamado a seguir a Cristo es la raíz de todos los demás llamados. Sin embargo, es importante no confundir el llamado a seguir a Cristo con el llamado a ser un obrero profesional de la iglesia. Personas de todos los ámbitos de la vida están llamadas a seguir a Cristo con igual profundidad y compromiso.

Después de analizar el llamado a seguir a Cristo, analizaremos el llamado a trabajos específicos a la luz de muchos pasajes bíblicos relacionados con el llamado. Mostraremos de qué manera el trabajo cooperativo de la Trinidad del Padre, el Hijo y el Espíritu Santo guía y ejemplifica nuestro trabajo. Proveeremos enlaces para continuar la exploración teológica del llamado. En el proceso, analizaremos temas relacionados tales como la manera de discernir la dirección de Dios en el trabajo, la naturaleza comunitaria del llamado, el llamado al trabajo eclesiástico frente al trabajo no eclesiástico, llamados al trabajo creativo y redentor de Dios más allá del mundo laboral, la importancia de *cómo* trabajamos en cualquier área, y la libertad definitiva que disfrutan los cristianos en su en el ambiente laboral.

Los Distintos Manejos del Llamado de Dios

Invocación para Unirse a Cristo y Compartir en Su Obra de Redención en el Mundo

En la Biblia, la palabra "llamado" se usa con mayor frecuencia para referirse a pertenecer a Cristo y participar en su obra redentora en el mundo. Este sentido de llamado es particularmente prominente en las cartas de Pablo.

En **Romanos 1:6**

...están incluidos también ustedes, a quienes Jesucristo ha llamado.

En **Romanos 8:28**

Dios dispone todas las cosas para el bien de los que le aman, los que conforme a su propósito son llamados.

En **1 Timoteo 2:4**

[Dios] quiere que todos sean salvos y lleguen a conocer la verdad.

En **2 Corintios 5:17-20**

Por lo tanto, si alguno está en Cristo, es una nueva creación. ¡Lo viejo ha pasado, ha llegado ya lo nuevo! Todo esto proviene de Dios, quien por medio de Cristo nos reconcilió consigo mismo y nos dio el ministerio de la reconciliación: esto es, que en Cristo, Dios estaba reconciliando al mundo consigo mismo, no tomándole en cuenta sus pecados y encargándonos a nosotros el mensaje de la reconciliación. Así que somos embajadores de Cristo, como si Dios los exhortara a ustedes por medio de nosotros: «En nombre de Cristo les rogamos que se reconcilien con Dios».

El llamado a pertenecer a Cristo va más allá del tipo de "llamado" en el mundo del trabajo del que se ocupa principalmente este artículo. Por esta razón, es importante comenzar nuestra discusión sobre el llamado a seguir a Jesús. Es un llamado a una relación renovada con Dios, con otras personas y con el mundo que nos rodea. Abarca todo el ser y el hacer del hombre. Esto nos recuerda que el llamado a un tipo particular de trabajo es secundario al llamado a pertenecer a Cristo y participar en su redención del mundo.

En particular, nuestro trabajo debe ser una parte esencial de nuestro compromiso con Cristo mismo. Su trabajo es la base para los actos creativos y productivos en el universo (**Juan 1:1-3**). Su obra redentora puede ocurrir en cada lugar de trabajo a través de la justicia, la sanidad, la reconciliación, la compasión, la bondad, la humildad y la paciencia (**Colosenses 3:12**). La obra de redención no se limita a la evangelización, sino que incluye todo lo necesario para hacer del mundo lo que Dios siempre quiso que fuera. Esta obra de redención está en armonía con la obra de creación, producción y mantenimiento confiada a la humanidad por Dios en el Jardín del Edén. La Biblia no dice que la obra de redención reemplazó la obra de creación. Ambos continúan y, en general, se ordena a los cristianos que participen en la obra de creación y redención.

La Obligación Universal de Labrar

Antes que podamos discutir la posibilidad de la dirección de Dios a un tipo de trabajo específico, debemos reconocer el *mandato* de Dios de que todos trabajen en la medida que sean capaces. El mandato o llamado de Dios a trabajar llega al comienzo mismo de la Biblia, donde Dios elige involucrar a los seres humanos en la obra de creación, producción y sostenimiento. El trabajo permanece hasta el mismo final de la Biblia. Hubo trabajo en el Huerto del Edén, y hay trabajo en el cielo nuevo y la tierra nueva.

En **Genesis 1:27-28**

Y Dios creó al ser humano a su imagen; lo creó a imagen de Dios. Hombre y mujer los creó, y los bendijo con estas palabras: «Sean fructíferos y multiplíquense; llenen la tierra y sométanla; dominen a los peces del mar y a las aves del cielo, y a todos los reptiles que se arrastran por el suelo».

En **Genesis 2:15, 19-20**

Dios el Señor tomó al hombre y lo puso en el jardín del Edén para que lo cultivara y lo cuidara... Entonces Dios el Señor formó de la tierra toda ave del cielo y todo animal del campo, y se los llevó al hombre para ver qué nombre les pondría. El hombre les puso nombre a todos los seres vivos, y con ese nombre se les conoce. Así el hombre fue poniéndoles nombre a todos los animales domésticos, a todas las aves del cielo y a todos los animales del campo. Sin embargo, no se encontró entre ellos la ayuda adecuada para el hombre.

En **Éxodo 20:9**

Trabaja seis días, y haz en ellos todo lo que tengas que hacer.

En 2 Tesalonicenses 3:10

Porque, incluso cuando estábamos con ustedes, les ordenamos: «El que no quiera trabajar, que tampoco coma».

En Apocalipsis 21:24-26

Las naciones caminarán a la luz de la ciudad, y los reyes de la tierra le entregarán sus espléndidas riquezas. Sus puertas estarán abiertas todo el día, pues allí no habrá noche. Y llevarán a ella todas las riquezas y el honor de las naciones.

En Isaías 65:21-22

Construirán casas y las habitarán; plantarán viñas y comerán de su fruto. Ya no construirán casas para que otros las habiten, ni plantarán viñas para que otros coman. Porque los días de mi pueblo serán como los de un árbol; mis escogidos disfrutarán de las obras de sus manos.

Con base en estos pasajes, podemos decir que todos están "llamados" a trabajar, siempre y cuando nos demos cuenta de que "llamados" en este sentido realmente significa "mandados". Dios te manda a trabajar, incluso si no te da una oferta de laboral específica. De hecho, el mandato de Dios de trabajar puede cumplirse de otras maneras además del trabajo remunerado. Discutiremos la dirección de Dios para trabajos específicos o tipos de trabajos más adelante.

Convocatoria a la Vida: Mucho Más que Trabajo

——

Aunque nos estamos enfocando en el llamado de Dios a trabajar, el trabajo es solo un elemento de la vida. Dios nos llama a pertenecer a Cristo en cada elemento de nuestras vidas.

En Colosenses 3:17

Y todo lo que hagan, de palabra o de obra, háganlo en el nombre del Señor Jesús.

Nuestro trabajo no es necesariamente el aspecto más importante de nuestro llamado o servicio en la obra redentora de Cristo. Primero, debemos recordar que el trabajo no se limita al trabajo remunerado. El trabajo que Dios nos indica que hagamos puede ser un trabajo no remunerado, como criar hijos o cuidar a familiares discapacitados o dar clases particulares a los estudiantes después de la escuela. Es posible que Dios no nos llame a muchos de nosotros a un trabajo remunerado que nos impida por completo realizar un trabajo no remunerado.

Incluso si tiene un trabajo remunerado, el trabajo principal que Dios le ha llamado a hacer puede estar fuera de su trabajo. El trabajo puede satisfacer su necesidad de dinero, lo que en sí mismo lo convierte en parte de la obra ordenada por Dios, pero puede fallar en cumplir con todos los otros propósitos de Dios para su vida. Hemos visto que cuidar niños y cuidar ancianos o discapacitados es un trabajo, y muchas de las personas que lo hacen tienen otros trabajos remunerados. Por otro lado, los llamados pasatiempos pueden ser trabajos que Dios te guíe a hacer, en lugar de tu trabajo remunerado. Puedes laborar en literatura, pintura, música, actuación, astronomía, liderar un grupo de jóvenes, ser voluntario en una sociedad histórica, mantener una reserva natural o mil trabajos más. Si algo así es su vocación, es probable que lo tome más en serio que alguien que lo ve como una actividad de ocio. Hay una diferencia entre el trabajo y el juego. Pero cualquier actividad dada, remunerada o no, es trabajo para una persona y juego para otra.

En segundo lugar, debemos tener cuidado de no dejar que el trabajo domine otros elementos de nuestra vida. Incluso si Dios lo ha llevado a un trabajo o carrera en particular, debe establecer límites para esa labor a fin de dejar espacio para otros elementos del llamado o la dirección de Dios en su vida. Por ejemplo, si Dios te ha llevado a casarte y tener una pequeña empresa, necesitarás equilibrar el tiempo y las responsabilidades de estos dos llamamientos. El trabajo no debe reemplazar el ocio, el descanso y la adoración. No existe una fórmula para equilibrar el trabajo y otros elementos de la vida. Pero tenga cuidado de no dejar que un sentido de llamado a trabajar lo ciegue al llamado de Dios en otras áreas de su vida.

La Orientación Divina para una Tarea Específica

En este punto, ahora podemos profundizar en la posibilidad de la dirección de Dios para una tarea, trabajo, ocupación o tipo de labor en particular. Hemos visto:

1. Todos están llamados a pertenecer a Cristo ya participar en su obra de creación y redención.

2. Es inusual que Dios llame a alguien directa e inequívocamente a cierta obra.

3. Todos son enviados a trabajar lo mejor que pueden, pero por lo general Dios no provee oportunidades laborales específicas.

4. Dios nos llama a vivir una vida plena, no solo un trabajo.

Al reunir estos cuatro puntos, podemos concluir que tu carrera no es lo que más le importa a Dios. Si es así, te llamará directa e inequívocamente. Además, lo que Dios valora más es que trabajes según sus palabras, vengas a la gracia redentora de Cristo y participes de su obra de creación y redención. El tipo específico de trabajo que haces es menos importante.

Si bien la principal preocupación de Dios no es conseguirnos el trabajo o la carrera adecuados, eso no significa que a él no le importe. De hecho, la obra distintiva del Espíritu Santo es guiar y equipar a las personas para que vivan y trabajen como Dios les ha mostrado. En el Antiguo Testamento, Dios a veces le dio a las personas las habilidades necesarias para sus trabajos, como vimos en los ejemplos de Bezalel y Aholiab. Pero ahora el Espíritu Santo habitualmente guía a los creyentes en trabajos específicos y les da las habilidades que necesitan (**1 Corintios 12:7-12**).

Brinda orientación sobre qué tipo de trabajo hace la gente y cómo hacerlo.

Descubriendo la Guía Divina para un Rol Laboral Determinado

Invocando al Trabajo Adecuado: Un llamamiento Claro e Inequívoco

Sabiendo que la máxima imagen del llamado en la Biblia es el llamado a seguir a Jesús, estamos listos para explorar el llamado a tipos específicos de trabajo. Si por "llamado" nos referimos a un mandato directo e inequívoco de Dios para emprender una tarea, trabajo, ocupación o tipo de trabajo en particular, entonces el llamado es muy raro en la Biblia. En este sentido, no hay más de un centenar de personas que son llamadas por Dios. Dios llamó a Noé para construir el arca. Dios llamó a Moisés y Aarón a su misión (Éxodo 3:4, 28:1). Llamó a profetas como Samuel (1 Samuel 3:10), Jeremías (Jeremías 1:4-5), Amós (Amós 7:15), etc. Llama a Abraham y Sarah y a varios otros para que viajen o se muden (lo que podría considerarse una llamada al lugar de trabajo). Nombró a hombres para que sirvieran como líderes políticos, incluidos José, Gedeón, Saúl, David y los descendientes de David. Dios escogió a Bezalel y Aholiab para ser los maestros artesanos del Tabernáculo (Éxodo 31:1-6). Jesús llamó a los apóstoles ya algunos de sus otros discípulos (p. ej., Marcos 3:14-19), y el Espíritu Santo llamó a Bernabé ya Saulo para que fueran misioneros (Hechos 13:2). La palabra "llamado" no siempre se usa, pero en estos casos está claro que Dios está dirigiendo inequívocamente a personas específicas a labores específicas.

Aparte de estos, hay muy pocas personas en la Biblia que aceptan el llamado personal de Dios. Esto sugiere fuertemente que un llamado directo de Dios a un trabajo específico también es muy raro hoy en día. Si Dios lo ha llamado directa e inequívocamente a un trabajo en particular, no necesita la guía de artículos como este, excepto la confirmación, y sí, ese llamado es raro en la Biblia. Entonces, en lugar de mirar más allá en el llamado personal directo e inconfundible, nos enfocamos en si Dios guía o dirige a las personas a tipos específicos de trabajo de maneras menos dramáticas.

Guía para encontrar tu Carrera

Si bien Dios no le da a la mayoría de las personas un llamado inmediato, personal e inequívoco a un trabajo o vocación en particular, Dios guía a las personas de maneras menos dramáticas, que incluyen el estudio de la Biblia, la oración, la comunidad cristiana y la reflexión personal de la iglesia. Cultivar una conciencia general de la dirección de Dios en la vida está más allá del alcance de este artículo. Pero veremos tres consideraciones importantes para discernir la dirección de la carrera de Dios.

Lo primero es lo primero. Probablemente el indicador más fuerte de lo que Dios quiere que hagas es tu conciencia de lo que se necesita hacer para que el mundo sea más como Dios quiere que sea. No significa necesariamente un gran problema mundial, sino cualquier cosa que deba hacerse en el mundo. Ganarse la vida para mantenerse a sí mismo y a su familia es un ejemplo mencionado en la Biblia:

En **Proverbios 13:22**

El hombre de bien deja herencia a sus nietos.

En **Proverbios 14:1**

La mujer sabia edifica su casa; la necia, con sus manos la destruye.

En **1 Timoteo 5:8**

El que no provee para los suyos, y sobre todo para los de su propia casa, ha negado la fe y es peor que un incrédulo.

En **Tito 3:14**

Que aprendan los nuestros a empeñarse en hacer buenas obras, a fin de que atiendan a lo que es realmente necesario y no lleven una vida inútil.

Otro ejemplo bíblico es trabajar con el fin de suplir las necesidades de personas a tu alrededor aparte de tu familia:

En **Proverbios 14:21**

¡Dichoso el que se compadece de los pobres!

En **1 Tesalonicenses 4:11**

Pónganse como objetivo vivir una vida tranquila, ocúpense de sus propios asuntos y trabajen con sus manos, tal como los instruimos anteriormente (NTV).

En **Lucas 3:10-11**

«¿Entonces qué debemos hacer?», le preguntaba la gente. «El que tiene dos camisas debe compartir con el que no tiene ninguna», les contestó Juan, «y el que tiene comida debe hacer lo mismo».

En **Proverbios 11:25**

El que es generoso prospera; el que reanima será reanimado.

En **Mateo 25:34-36**

Entonces dirá el Rey a los que estén a su derecha: «Vengan ustedes, a quienes mi Padre ha bendecido; reciban su herencia, el reino preparado para ustedes desde la creación del mundo. Porque tuve hambre, y ustedes me dieron de comer; tuve sed, y me dieron de beber; fui forastero, y me dieron alojamiento; necesité ropa, y me vistieron; estuve enfermo, y me atendieron; estuve en la cárcel, y me visitaron».

Trabajar para servir al bien de la sociedad en general también es un imperativo bíblico:

En **Jeremías 29:5-7**

Construyan casas y habítenlas; planten huertos y coman de su fruto. Cásense, y tengan hijos e hijas; y casen a sus hijos e hijas, para que a su vez ellos les den nietos. Multiplíquense allá, y no disminuyan. Además, busquen el bienestar de la ciudad adonde los he deportado, y pidan al Señor por ella, porque el bienestar de ustedes depende del bienestar de la ciudad.

Por supuesto, no puedes satisfacer todas las necesidades del mundo, por lo que te limitas un poco. Comience con las necesidades de las que usted es personalmente responsable, como la crianza de los hijos o el pago de deudas. Más allá de eso, presta atención a las necesidades que puedes cubrir muy bien, o que pocas personas están dispuestas a atender, o que crees que son particularmente urgentes. Por ejemplo, es posible que esté mejor preparado para postularse para un cargo en su propia ciudad o pueblo que mudarse para encontrar un trabajo. Por otro lado, puede ser uno de los pocos dispuestos a documentar violaciones de derechos humanos en un país al otro lado del mundo. O tal vez esté convencido de que enseñar a jóvenes con problemas es más urgente que unirse a una pandilla. Además, puede que te quede claro que ciertas cosas en tu vida, además del trabajo o la carrera, son las formas más importantes en las que ayudas a sentirte realizado. No tiene sentido conseguir un trabajo asesorando a jóvenes en apuros mientras descuidas a tus propios hijos.

El punto es que Dios le ha dado a cada individuo la habilidad de conocer una parte del mundo que necesitan. Aparentemente estaba esperando que nosotros sintiéramos y nos pusiéramos a trabajar, no por su llamada especial. No existe una fórmula bíblica que se traduzca en requisitos de trabajo precisos. Es por eso que debe buscar la guía de Dios en la variedad de discernimiento disponible para usted.

La segunda consideración son sus habilidades y dones. La biblia dice que Dios da dones a las personas para hacer el trabajo que Él quiere que hagan, menciona algunos de los dones y habilidades que Dios da:

En **Isaías 28:24-26**

Cuando un agricultor ara para sembrar, ¿lo hace sin descanso? ¿Se pasa todos los días rompiendo y rastrillando su terreno? Después de que ha emparejado la superficie, ¿no siembra eneldo y esparce comino? ¿No siembra trigo en hileras, cebada en el lugar debido, y centeno en las orillas? Es Dios quien lo instruye y le enseña cómo hacerlo.

En **Romanos 12:6-8**

Tenemos dones diferentes, según la gracia que se nos ha dado. Si el don de alguien es el de profecía, que lo use en proporción con su fe; si es el de prestar un servicio, que lo preste; si es el de enseñar, que enseñe; si es el de animar a otros, que los anime; si es el de socorrer a los necesitados, que dé con generosidad; si es el de dirigir, que dirija con esmero; si es el de mostrar compasión, que lo haga con alegría.

En **1 Corintios 12:7-10**

A cada uno se le da una manifestación especial del Espíritu para el bien de los demás. A unos Dios les da por el Espíritu palabra de sabiduría; a otros, por el mismo Espíritu, palabra de conocimiento; a otros, fe por medio del mismo Espíritu; a otros, y por ese mismo Espíritu, dones para sanar enfermos; a otros, poderes milagrosos; a otros, profecía; a otros, el discernir espíritus; a otros, el hablar en diversas lenguas; y a otros, el interpretar lenguas.

Como muestran los dos últimos pasajes, cuando Pablo habla de los dones del Espíritu Santo, por lo general se refiere a su uso en la iglesia. Pero si todo el trabajo que hacen los cristianos es para el Señor (**Colosenses**

3:23), entonces podemos inferir que el don del Espíritu Santo también se da para su uso en el lugar de trabajo. Por lo tanto, los dones y las habilidades brindan un elemento de dirección para discernir la dirección de Dios.

Se han desarrollado una serie de herramientas para ayudar a las personas a identificar sus dones y usarlos en el lugar de trabajo (ver 'Explorar más'). Sin embargo, es fácil concentrarse demasiado en las propias habilidades y talentos. La generación actual de occidentales es el genio más escudriñado en la historia humana, pero este amor por el escrutinio puede conducir al ensimismamiento y la distracción de estas escrituras que dicen que Dios da dones para el bien común, no para la satisfacción. Además, en muchos casos, Dios otorga dones a una persona solo después de que haya hecho el trabajo que necesita. Centrarse demasiado en los dones que ya tiene puede evitar que reciba los dones que Dios quiere para usted.

Sin embargo, los dones que ya tienes pueden indicarte la mejor manera de encontrarte. Sería narcisista afirmar que Dios te llamó a ser el pianista más grande del mundo y luego esperar que te infunda el talento necesario después de años de tocar el piano mediocre y practicar mal. La dirección de carrera a través de habilidades y dones es un acto de equilibrio difícil, por lo que debe buscarse en una relación con Dios y los hermanos cristianos.

Aquí nuevamente, enfatizamos que no debemos concentrarnos en el trabajo y descuidar el resto de nuestras vidas. Dios también nos da dones para la vida familiar, la amistad, la recreación, el voluntariado y todas las actividades de la vida.

Finalmente, la Biblia dice que sus deseos más verdaderos o más profundos también le importan a Dios.

En **Salmo 37:4**

Deléitate en el Señor, y él te concederá los deseos de tu corazón.

En **Salmo 145:19**

Cumple los deseos de quienes le temen; atiende a su clamor y los salva.

En **Mateo 5:6**

Dichosos los que tienen hambre y sed de justicia, porque serán saciados.

En **Juan 16:24**

Hasta ahora no han pedido nada en mi nombre. Pidan y recibirán, para que su alegría sea completa.

A veces, los cristianos esperan que si Dios los llama a un trabajo, será algo que odien. De lo contrario, ¿por qué los llamaría Dios? Una fantasía cristiana enfermiza es imaginar un país en el que preferirías no vivir y luego asumir que Dios te ha llamado a ser un misionero allí. Pero los mejores misioneros tienen un deseo ardiente por el lugar y las personas a las que sirven. Además, ¿quién dijo que Dios quería que fueras misionero? Si Dios te ha llevado a cierto trabajo o carrera, es más probable que encuentres un deseo profundamente arraigado por ello.

Sin embargo, puede ser muy difícil conectarse con sus deseos más verdaderos o más profundos. Nuestros motivos están tan confundidos por el pecado y el deterioro del mundo que nuestros deseos superficiales a menudo están muy alejados de los deseos reales que Dios ha implantado en lo profundo de nosotros.

En **Romanos 7:8, 15, 21-23**

Pero el pecado, aprovechando la oportunidad que le proporcionó el mandamiento, despertó en mí toda clase de codicia. Porque aparte de la ley el pecado está muerto... No entiendo lo que me pasa, pues no hago lo que quiero, sino lo que aborrezco... Así que descubro esta ley: que, cuando quiero hacer el bien, me acompaña el mal. Porque en lo íntimo de mi ser me deleito en la ley de Dios; pero me doy cuenta de que en los miembros de mi cuerpo hay otra ley, que es la ley del pecado. Esta ley lucha contra la ley de mi mente, y me tiene cautivo.

Por lo tanto, no podemos simplemente decir: "Haz lo que te haga feliz". Lo que te hace feliz, o lo que parece hacerte feliz, puede estar lejos de satisfacer, o de usar tus habilidades y talentos para el bien común, o incluso de cumplir tus verdaderos deseos. Muy a menudo ocurre lo contrario, y un trabajo que satisface sus verdaderos deseos puede no parecer popular a primera vista y puede requerir un gran sacrificio y trabajo duro. Tus verdaderos deseos pueden cumplirse en muchas áreas de tu vida, no necesariamente en el trabajo. Saber lo que realmente quieres requiere madurez espiritual, que puede ser más de lo que puedes tener cuando te enfrentas a una decisión. Pero al menos puedes escapar de la idea de que Dios solo te llama a hacer cosas que odias. Con esto en mente, Frederick Buechner escribió: "Donde Dios te ha llamado es donde tu profundo gozo se encuentra con el profundo hambre del mundo".

Estas tres consideraciones, sus habilidades y talentos, y sus deseos más auténticos, son guías, pero no son absolutos. Primero, en un mundo caído, probablemente tengas poca habilidad para elegir tu trabajo de todos modos. A lo largo de la historia, la mayoría de las personas han trabajado como esclavas, granjeras o amas de casa, y esto sigue siendo así en la mayor parte del mundo. Es difícil imaginar, excepto en algunos países desarrollados, que Dios quiere que la mayoría de las personas sean esclavos, agricultores o propietarios de viviendas. En cambio, las circunstancias parecen impedir que la mayoría de las personas elijan los trabajos que realmente quieren hacer. Esto no quiere decir que a algunas personas no les guste o no deban laborar en la agricultura, el trabajo doméstico o cualquier otro tipo de trabajo legítimo, pero las circunstancias del mundo dictan que muchas personas aceptan trabajos que no les gustan. Sin embargo, incluso ser esclavo es una bendición bajo el cuidado de Dios (**Mateo 24:45-47, 1 Corintios 7:21-24**). Esto de ninguna manera legitima la esclavitud en el mundo de hoy. Simplemente significa que dondequiera que trabajes, Dios está contigo. Aprender a apreciar el trabajo que tiene, y encontrar formas de comprometerse con Cristo en ese trabajo, puede ser mejor que tratar de encontrar un oficio que cree que disfrutará más.

Incluso en las economías avanzadas, muchas personas tienen pocas opciones en cuanto al tipo de trabajo que realizan para ganarse la vida. Una comunidad cristiana haría un gran trabajo al equipar a las personas tanto para tomar decisiones sobre sus carreras como para seguir el liderazgo de Dios en cualquier trabajo que hagamos. No importa cuál sea su trabajo, el don de Dios le permite trabajar por el bien común, encontrar más consistencia en su trabajo y superar o soportar los aspectos negativos de su situación. Lo más importante es que Dios promete liberarnos en última instancia del trabajo duro, la monotonía y las espinas.

¿Qué pasa con aquellos que tienen pocas opciones y luchan? ¿Puede el trabajo duro y difícil, una necesidad humana, ser una vocación? Considere, por ejemplo, la historia de Graeme Marriott, padre de tres hijos y capataz de CBM Waste Management:

Somos una pequeña empresa. Hemos entrado en el campo del reciclaje, pero la ganancia no es muy alta. Nuestra atención se centra en la eliminación de residuos. Mi trabajo es administrar el lugar: organizo y hago algunos trámites. Recogemos basura y reciclamos... tres de nosotros, empezamos a las 3 am... Hice la mitad de la carrera con el compactador y la otra mitad detrás del camión. Lo he estado haciendo durante seis años. Me ocupo del reciclaje todos los días. Es mucho trabajo físico. Hay que levantar cosas y hay mucho ruido, especialmente al mecanizar. Correr... por calles empinadas es un esfuerzo físico, especialmente en verano... hay que empezar pronto y perturba la vida familiar. Trabaje todos los días, haga el tiempo que haga, incluso en días festivos. Como servicio esencial, no puede tomar tiempo libre. Me encanta el desafío físico: ¿qué tan rápido y eficiente podemos ser?

Pero es un trabajo bastante mecánico: apretar botellas, perseguir camiones... La gente me pregunta a qué me dedico y piensan que soy un vago. En cierto sentido, este es el último trabajo. Pero es esencial, y la gente depende de ello. Si vamos a la huelga, la basura comienza a acumularse, es un peligro para la salud... reciclar es más importante en estos días, me respetan un poco. La escuela de mi hija me tiene hablando con los niños sobre el reciclaje. Estos problemas de reciclaje nos afectan a todos, por lo que mi papel es importante. Sé que aunque a veces es difícil decirlo, Dios me ha llamado a hacer mi trabajo.

El trabajo de Graeme era una ardua labor, pero lo aprovechó al máximo, compartió las dificultades y tomó sus responsabilidades en serio como un asunto de la mano de Dios.

Incluso si tiene la libertad de elegir su trabajo, estas tres consideraciones son guías, no dictadores. En Cristo los creyentes tienen completa libertad:

En **Juan 8:36**

Si el Hijo los libera, serán ustedes verdaderamente libres.

En **2 Corintios 3:17**

Ahora bien, el Señor es el Espíritu; y, donde está el Espíritu del Señor, allí hay libertad

Esto significa que tienes la libertad de correr riesgos, fallar y cometer errores. Dios puede guiarte a un trabajo del que no sabes nada, para el que no tienes habilidades y piensas que no te gusta. ¿Te gustaría tomar este trabajo? En cambio, más adelante en la vida, es posible que descuide el llamado profesional de Dios para usted. Anímate, porque al final no serás juzgado por encontrar el trabajo adecuado o por cumplir con el potencial que Dios te ha dado. Seréis juzgados según los méritos de Jesucristo, que os ha aplicado la gracia de la fe de Dios. El llamado a pertenecer a Cristo es el único llamado que importa.

El cuerpo de Cristo en la tierra es la comunidad de creyentes (**Romanos 12:5**). La libertad en Cristo significa, por lo tanto, que el llamado o la dirección de Dios se discierne mejor en el diálogo con la comunidad que en el aislamiento. Hemos visto que (una forma de comunidad) es importante porque puedes discernir qué tipo de trabajo Dios te está guiando a hacer. La comunidad también es un factor importante para discernir la dirección de Dios. En Hechos leemos de cuando Pablo y Bernabé fueron enviados en una misión por la iglesia en Antioquía (**Hechos 13:2-3**), y cuando los gentiles fueron recibidos en lo que entonces era una iglesia predominantemente judía Y sin cargas onerosas, el Espíritu Santo guía la ley judía: "*Es bueno para el Espíritu Santo y para nosotros*" (**Hechos 15:28**). Este discernimiento compartido, trato mutuo y responsabilidad mutua, es un buen modelo para nuestro discernimiento profesional, aunque obviamente también hay libertad y responsabilidad individual.

El arzobispo William Temple tiene razón en que elegir una carrera por razones personales o egoístas, sin un sentido de propósito real y colectivamente afirmado, "es probablemente el pecado más grande que cualquier persona joven puede cometer, ya que incluye, la mayor parte del tiempo, desviar deliberadamente la lealtad y la fuerza de Dios". Pero la culpa es, si no mayor, de las iglesias que dejan que las personas sigan su propio camino, sin el beneficio del discernimiento público y la orientación profesional, a menos que estén considerando el ministerio ordenado. Sin embargo, puede convocar proactivamente a su comunidad para que lo ayude a discernir su llamado. Haga las siguientes preguntas a aquellos en su comunidad que lo conocen mejor: ¿A qué piensan otras personas que Dios lo ha dirigido? ¿Cuáles ven ellos como tus talentos y habilidades, y los deseos más profundos que ven en ti? Comience a hablar sobre el liderazgo de Dios con personas de su comunidad que lo conozcan bien. Puede ser conveniente hablar con un compañero o asesor espiritual, recopilar información de las personas con las que trabaja o hacer que un grupo de personas se reúna con usted periódicamente para discernir la dirección de Dios.

La comunidad es también un elemento esencial para discernir quién está siendo guiado para hacer los diferentes tipos de trabajo que se necesitan en el mundo. Muchas personas pueden tener talentos y aspiraciones similares, y usted puede ayudarlas a realizarlas. Pero Dios probablemente no quiere que todas las personas hagan el mismo trabajo. Necesitas discernir no solo el trabajo que Dios te está guiando a hacer, sino también el trabajo que Él está guiando a otros a hacer. Una comunidad necesita un todo armonioso y equilibrado. Los médicos, por ejemplo, aportan poderosos dones y habilidades a la gran necesidad mundial de salud física y, a menudo, un profundo deseo de curar. Sin embargo, al menos en los Estados Unidos, puede haber demasiados especialistas y no suficientes médicos de atención primaria para satisfacer las necesidades de la comunidad. Uno por uno, los estudiantes de medicina están emparejando sus talentos, aspiraciones y direcciones médicas exigentes. Pero en general, el grupo de salud está un poco desequilibrado. Discernir el llamado de Dios es un esfuerzo comunitario.

El Trabajo de la Iglesia: ¿Respuesta a una Invitación Divina?

Muchos cristianos tienen la impresión de que los trabajadores de la iglesia, especialmente los evangelistas, misioneros, pastores, sacerdotes, ministros, etc., tienen un llamado más alto que otros trabajadores. Si bien hay poca evidencia en la Biblia que respalde esta impresión, durante la Edad Media, la vida "religiosa", como la de los monjes y monjas, se consideraba más sagrada que la vida ordinaria. La tradición monástica exalta las vidas "perfectas" y contemplativas, como la pobreza, la castidad y la obediencia de María (la Iglesia), por encima de las vidas activas "permisibles", como el trabajo secular, el matrimonio y el servicio a la sociedad de Marta, extrayendo así lecciones de hechos concretos Deducir principios generales (**Lucas 10:38-42**).

Desafortunadamente, esta distorsión todavía influye en todas las iglesias tradicionales, aunque las enseñanzas de casi todas las iglesias hoy día afirman el valor igual del trabajo de los laicos. En la Biblia, Dios llama a las personas a trabajos relacionados y no relacionados con la iglesia:

Citas Llamados al Trabajo Eclesiástico

En **Éxodo 28:1**

Haz que comparezcan ante ti tu hermano Aarón y sus hijos Nadab, Abiú, Eleazar e Itamar. De entre todos los israelitas, ellos me servirán como sacerdotes.

En **Marcos 1:16-17**

Pasando por la orilla del mar de Galilea, Jesús vio a Simón y a su hermano Andrés que echaban la red al lago, pues eran pescadores. «Vengan, síganme —les dijo Jesús—, y los haré pescadores de hombres».

En **Hechos 13:2, 5**

Mientras ayunaban y participaban en el culto al Señor, el Espíritu Santo dijo: «Apártenme ahora a Bernabé y a Saulo para el trabajo al que los he llamado»... Al llegar a Salamina, predicaron la palabra de Dios en las sinagogas de los judíos. Tenían también a Juan como ayudante.

Citas Llamados al trabajo no eclesiástico

En **Deuteronomio 31:14**

El Señor le dijo a Moisés: «Ya se acerca el día de tu muerte. Llama a Josué, y preséntate con él en la Tienda de reunión para que reciba mis órdenes». (Moisés y Josué eran ambos fundamentalmente líderes militares/políticos, no líderes cultuales/religiosos. Ambos estaban excepcionalmente cerca de Dios, pero eso no los hace líderes religiosos. Esto más bien muestra que Dios llama a personas de todos los ámbitos de la vida).

En **1 Samuel 16:12-13**

Isaí mandó a buscarlo, y se lo trajeron. Era buen mozo, trigueño y de buena presencia. El Señor le dijo a Samuel: «Este es; levántate y úngelo». Samuel tomó el cuerno de aceite y ungió al joven en presencia de sus hermanos. Entonces el Espíritu del Señor vino con poder sobre David, y desde ese día estuvo con él. Luego Samuel regresó a Ramá.

Por lo tanto, la idea de que Dios llama a los obreros de la iglesia pero no a otros tipos de obreros es inapropiada.

Surge cierta confusión porque muchas iglesias requieren que sus miembros sean "llamados" para ser ordenados o servir como pastores, sacerdotes u otros sacerdotes. La palabra "llamado" se usa a menudo para describir el proceso de elegir un pastor o decidir entrar en la obra de la iglesia a tiempo completo. Sin embargo, como en la Biblia, estas situaciones rara vez son un llamado personal directo e inequívoco de Dios. En cambio, pueden describir un fuerte sentido de dirección de Dios. Como hemos visto, la dirección de Dios ocurre con igual fuerza en trabajos y ocupaciones fuera de la iglesia. Dado que no incluimos el trabajo de la iglesia como uno de sus temas, no intentaremos evaluar si el "llamado" al trabajo de la iglesia es más fuerte, más inmediato, más obvio o más necesario que el llamado al trabajo fuera de la iglesia. Queremos afirmar que el trabajo de la iglesia en general no es un llamado más alto que el trabajo fuera de la iglesia, y que el término "llamado" se aplica igualmente al trabajo fuera de la iglesia como al trabajo de la iglesia.

También afirmamos que el trabajo fuera de la iglesia es un "servicio cristiano de tiempo completo" al igual que el trabajo de la iglesia. Todos los cristianos están llamados (es decir, ordenados) a hacer todo lo que hacen por Cristo las 24 horas del día:

En **Colosenses 3:23**

Hagan lo que hagan, trabajen de buena gana, como para el Señor y no como para nadie en este mundo.

Antes de concluir nuestra discusión sobre este punto, debemos notar que una escuela de pensamiento sostiene que 1 Timoteo 5:17-18 contradice lo que hemos descrito. De acuerdo con este punto de vista, convertirse en anciano de una iglesia (a menudo equivalente al pastor o pastor usado por las iglesias modernas) es en realidad un llamado superior.

En **1 Timoteo 5:17-18**

Los ancianos que dirigen bien los asuntos de la iglesia son dignos de doble honor, especialmente los que dedican sus esfuerzos a la predicación y a la enseñanza. Pues la Escritura dice: «No le pongas bozal al buey mientras esté trillando», y «El trabajador merece que se le pague su salario».

Según este oficio, ser sacerdote es un "doble honor" en relación con otras profesiones. Pero la mayoría de las reseñas rechazan esta explicación. Una lectura más apropiada sería que los ancianos que hacen un buen trabajo merecen el doble de honor (u honor) en comparación con los ancianos que hacen un buen trabajo. O bien, puede surgir un contraste entre los ancianos que se ofrecen como voluntarios a tiempo parcial y los ancianos que trabajan a tiempo completo para la iglesia. Las citas en el Antiguo Testamento sobre la compensación refuerzan aún más la idea de que este pasaje se trata de recompensar a los de alto desempeño o a los ancianos del personal en lugar de comparar el trabajo de la iglesia con otros tipos de trabajo. Esto significa que los ancianos que trabajan a tiempo completo para la iglesia y hacen un buen trabajo deben ser pagados adecuadamente por la iglesia. La verdadera comparación en este pasaje es entre pastores, no entre pastores y laicos.

Los únicos trabajos que no tienen el mismo estatus ante los ojos de Dios son aquellos que requieren una prohibición bíblica o son incompatibles con sus valores. Por ejemplo, asesinato, adulterio, robo, falso testimonio o avaricia (**Éxodo 20:13-17**), usura (**Levítico 25:26**), daño a la salud (**Mateo 10:8**), o daño al medio ambiente (**Génesis 2: 15**) no es lícito ante Dios. Esto no quiere decir que aquellos que hacen estos trabajos sean de menor estatus a los ojos de Dios. Las personas cuyas circunstancias los llevan a trabajar ilegalmente no son ilegales. En algunos casos, tales trabajos pueden ser el menor de dos males, pero de ninguna manera son los trabajos previstos por Dios para nadie.

Buscando un Nuevo Trabajo

Si Dios dirige o guía a las personas a hacer su labor, ¿es legal cambiar de trabajo? ¿No sería eso un rechazo a la dirección de Dios para el trabajo que ya tienes? El teólogo protestante del siglo XVI, Martín Lutero, hizo un famoso caso contra el cambio de trabajo. Esto se basa principalmente en su comprensión del pasaje:

En 1 Corintios 7:20

Que cada uno permanezca en la condición [klesei] en que estaba cuando Dios lo llamó.

Pero muchos hoy dicen que la posición de Lutero sobre el llamado de un individuo a un rol social o profesional se debió a su mala traducción de la palabra griega *klesei* en **1 Corintios 7:20** como *"vocación"* o *"llamado"* en el sentido vocacional. Esto influyó en la Biblia King James, que dice que todo hombre obedece el llamado que Dios le ha dado. Contraste esto con la traducción moderna más liberal: *"Que todo hombre permanezca en el estado en que Dios lo llamó"* (NVI) o conversión.

El contemporáneo de Lutero, Juan Calvino, no aceptó la interpretación de Lutero, ni tampoco la mayoría de los teólogos modernos. A primera vista, no parece explicar adecuadamente los siguientes versículos, que sugieren que los cambios de carrera son legítimos, al menos en algunos casos:

En 1 Corintios 7:21

¿Eras esclavo cuando fuiste llamado? No te preocupes, aunque, si tienes la oportunidad de conseguir tu libertad, aprovéchala.

Para elegir entre estas dos posiciones, debemos recordar que este pasaje se refiere al matrimonio, no a la carrera. El deseo de los corintios de ascender social y espiritualmente los llevó a cuestionar la pregunta de Pablo sobre el matrimonio, y estaban tratando de hacer la transición a un estado de soltería ostensiblemente más espiritual y celestial (**1 Corintios 7:1**). En respuesta, Paul reiteró su principio general de mantener el mismo estatus/clase y rol en el que se convirtieron. Después de todo, Cristo está ahí para llamarlos o convertirlos, haciendo así que sus roles sociales sean relativos en lugar de absolutos. La diferencia es llamar a una situación (Calvino) y llamar a una situación (Lutero) en conversión. Os Guinness capta el significado de nuestro llamado original: "*Primero, estamos llamados a alguien (Dios), no a algo (como la maternidad, la política o la enseñanza) o a un lugar (como un barrio marginal o Mongolia)*".

Sin embargo, si bien la llamada de Dios a la conversión ya la conducta cristiana no es idéntica a estos ámbitos sociales, está íntimamente relacionado con ellos y los santifica. De todos modos, se justifica el uso del lenguaje de llamadas para las relaciones y los roles laborales, como señala Fee:

Lo que Pablo está diciendo es que al llamar a una persona a una situación particular, esa misma situación estará presente en el llamado, santificándolo así. Del mismo modo, al salvar a una persona en esa situación, Cristo la "designa" para que sea su lugar para vivir en Cristo... precisamente porque nuestras vidas están determinadas por el llamado de Dios, no por nuestras circunstancias que dictan que necesitamos aprende a seguir estando ahí como quien "ante Dios..." Estamos allí para servir al Señor... ya sea en matrimonios interraciales, solteros, trabajos laborales o de oficina, o estatus socioeconómico.

Luego Pablo compara la salvación por la circuncisión (**1 Corintios 7:18-19**) y la esclavitud/ocupación (**1 Corintios 7:21-24; cf. Gálatas**

3:28). Sin embargo, a diferencia de la posición corintia de que nuestra relación/entorno profesional es solo un escenario o un andamio que debe desecharse lo antes posible, Pablo ve esto como una parte subyacente de nuestro llamado principal a vivir nuestra salvación en vida. Roles sociales y laborales secundarios. Al igual que los sacramentos, los llamamientos son signos externos y visibles de transformación espiritual interna.

Para Pablo, nuestra relación y entorno profesional no fue casual, sino providencial. Permanece en la situación en la que fuiste llamado o convertido, incluso la situación más desesperada tiene el potencial de transformarse en un lugar de servicio a Dios. Pero no es una regla dura y rápida. Paul argumenta que un cambio de ocupación o rol es indeseable en algunas circunstancias, por ejemplo, vender como esclavo o cambiar la identidad racial (incircuncisión); e innecesario pero posible o deseable en otras, por ejemplo, si se permite un propietario de esclavos o un cónyuge no cristiano. una libertad (**1 Corintios 7:15, 21**).

Por lo tanto, los corintios no necesitaban abandonar sus roles sociales ni permanecer en ellos. La interpretación de Pablo de **1 Corintios 7:29-31** destaca las presiones sobre la libertad cristiana en el matrimonio y el trabajo en un mundo caído entre el presente y el futuro Reino de Dios. *No nos queda mucho tiempo. De ahora en adelante, los que tienen esposas deben vivir como si no tuvieran esposas"... "los que compran cosas deben actuar como si no tuvieran nada; los que disfrutan de cosas mundanas".* las cosas no parecen disfrutarlas; por eso el mundo, en su forma actual, está a punto de desaparecer. Estamos llamados a permanecer en nuestra situación/función o creación terrenal, pero nuestra lealtad y preocupaciones principales están llamadas a retirarse a la nueva creación.

Lutero enfatizó la permanencia de su llamado mientras vivía las distorsiones creadas por mil años de negación monástica del matrimonio y la vida secular. 500 años después, Miroslav Volf enfatizó el aspecto retraído cuando las propias enseñanzas de Lutero fueron tergiversadas en una "ética de trabajo protestante" en la que el trabajo se convirtió en el llamado principal, e incluso en la fuente de salvación. En respuesta a estas dos distorsiones, el espíritu de nueva creación transforma nuestras condiciones sociales y laborales, haciendo florecer el don.

En resumen, Pablo desafía a los corintios ya nosotros a mantener nuestra disponibilidad al reino de Dios o a la nueva creación, pero a no renunciar al papel creado que ese reino preservará y perfeccionará. A pesar de la tensión entre nuestros roles en la creación y el reino de Dios (1 Corintios 7:29-31), existe una tensión entre ser llamados a quedarse y ser llamados a irse, ambos Todos fueron reconciliados al final porque el reino fue "creado y curado". Hans Kun).

Recientemente, Miroslav Volf escribió que Dios ciertamente puede llevar a las personas a cambiar de trabajo porque los factores que los llevan a trabajar pueden cambiar a lo largo de la vida laboral. Tus habilidades deben crecer con tu experiencia en el servicio a Dios. Él puede guiarlo a través de tareas más importantes que requieren que cambie de trabajo. *"¡Bien has hecho, buen y fiel siervo! Has sido fiel hasta un punto; te haré responsable de más. ¡Ven y participa del gozo de tu señor!"* (**Mateo 25:21**).

Por otro lado, si te conviertes en cristiano como adulto, ¿Dios te pedirá que cambies de trabajo? Encontrar una nueva vida en Cristo puede parecer como encontrar un nuevo trabajo o carrera. Sin embargo, este no suele ser el caso. Dado que no hay jerarquías de carrera, a menudo es un error pensar que Dios quiere que encuentres una "carrera superior" al convertirte en cristiano. A menos que su trabajo sea del tipo ilegal que discutimos anteriormente, o a menos que el trabajo o los compañeros de trabajo amenacen con atraparlo en hábitos no cristianos, es posible que no sea necesario cambiar de trabajo. Sin embargo, ya sea que cambie de trabajo o no, es posible que su trabajo deba ser diferente y centrarse en los mandamientos, valores y virtudes bíblicos ahora, tal como lo hizo Zaqueo, el recaudador de impuestos:

En **Lucas 19:5-9**

Llegando al lugar, Jesús miró hacia arriba y le dijo: «Zaqueo, baja en seguida. Tengo que quedarme hoy en tu casa. Así que se apresuró a bajar y, muy contento, recibió a Jesús en su casa. Al ver esto, todos empezaron a murmurar: «Ha ido a hospedarse con un pecador». Pero Zaqueo dijo resueltamente: «Mira, Señor: Ahora mismo voy a dar a los pobres la mitad de mis bienes y, si en algo he defraudado a alguien, le devolveré cuatro veces la cantidad que sea». «Hoy ha llegado la salvación a esta casa —le dijo Jesús—, ya que este también es hijo de Abraham».

Identificando el Propósito Divino para Tu Trabajo

Hemos sugerido muchas veces que la forma en que trabajas es al menos tan importante para Dios como tu trabajo o carrera. En cada trabajo tenemos al menos alguna oportunidad de satisfacer las necesidades de las personas, desarrollar nuestros dones y habilidades y expresar, o descubrir, nuestros deseos más profundos. Tus decisiones diarias de servir a Dios hoy son más importantes que posicionarte para el trabajo correcto mañana. De hecho, lo poco que puedas hacer hoy en el servicio de Dios es a menudo la clave para poder hacer más en el futuro. *"El que es honesto en las cosas pequeñas, será honesto en las grandes"*, dijo Jesús (**Lucas 16:10**). A lo largo de su vida, usted puede servir mejor a Cristo utilizando cada trabajo para cumplir Su propósito, ya sea que se sienta o no llamado a cada trabajo.

Conclusión

Tenemos en cuenta el llamado y la dirección de Dios para quienes se dedican a una variedad de trabajos comunes. Con esto estamos tratando de corregir la vieja tendencia protestante de que el trabajo ordinario es irrelevante para Dios e indigno de su llamado. Pero es igualmente erróneo elevar la importancia de tu trabajo o carrera al estado de idolatría. Encontrar el trabajo adecuado no trae la salvación, ni siquiera la felicidad. Además, el verdadero propósito del trabajo cristiano es servir al bien público, no promover el propio. En tu vida, sirve al bien común más haciendo tu trabajo diario lo mejor que puedas en Cristo que encontrando el mejor trabajo para ti mismo.

En la novela <u>Evesong</u> de Gail Godwin, un personaje reitera su misión diciéndole a otro: "Si algo siempre te hace mejor, entonces es tu vocación". No es solo un trabajo, es parte de una "vida fiel y próspera". Aunque hoy el lenguaje de la pasión lo invade todo, incluidas las carreras, no se trata sólo de pasión en el sentido emocional. Es el compromiso y la práctica disciplinada de un enfoque de por vida, no un enfoque de "mordisco" a la comida o un enfoque "rápido" a los medios. Es esto lo que "siempre te hace mejor". De esta manera, las vocaciones o llamados están vinculados a pactos holísticos a largo plazo relacionados con las responsabilidades de nuestros roles como esposos y esposas, padres e hijos, jefes y trabajadores, gobernantes y ciudadanos, con nuestros vecinos más cercanos. La mirada de Godwin nos ayuda a guiarnos hacia carreras que promueven el florecimiento de la vida.

Gregory Jones agregó a Godwin: "En cambio, debemos evitar aquellas ocupaciones que pueden hacernos 'peor', especialmente si estamos involucrados en ocupaciones en las que podemos ser castigados por el pecado de una forma u otra 'marchitante'. Es posible que volverse 'peor' a causa de nuestras propias tentaciones, una peculiar incompatibilidad entre lo que hacemos y el don que Dios nos ha dado, un accidente que mata la posibilidad de continuar una determinada profesión o práctica, o Las corruptas instituciones que actualmente dan forma a nuestra profesión».

Pero el dicho de Goodwin "hazte mejor" puede ser absorbido por la seductora cultura de la autorrealización. Debe compararse con lo que dijo Dietrich Bonhoeffer en The Cost of Cicipleship de que "cuando Cristo llama [a alguien], le ordena que venga y muera", declaraciones juntas. El talento inicial de Bonhoeffer no se desarrolló por completo, pero nos dejó un ejemplo de un hombre que cumplió con su llamado supremo al seguir a Cristo, incluso a través de la muerte. Que también nosotros tengamos el coraje de morir cada día a nuestra vocación, por difícil que sea.

Don't miss out!

Visit the website below and you can sign up to receive emails whenever Sermones Bíblicos publishes a new book. There's no charge and no obligation.

https://books2read.com/r/B-A-ALQN-PHGHC

BOOKS2READ

Connecting independent readers to independent writers.

Did you love *Analizando la Enseñanza de la Labor: La Guía de Dios para el Trabajo*? Íhen you should read *Analizando la Enseñanza del Trabajo en El Antiguo Testamento*[1] by Sermones Bíblicos!

¿Te has preguntado alguna vez qué enseñanzas podríamos extraer de los relatos bíblicos del antiguo testamento para aplicarlas a nuestra vida laboral diaria? ¡Este libro es la clave que estabas buscando! *"La Educación del Laboral desde una Perspectiva Histórica y Moderna"* es una fascinante serie de estudios bíblicos que te llevará por un viaje revelador a través de las páginas del Génesis hasta el último libro profético, Malaquías.

---

1. https://books2read.com/u/38W28d

2. https://books2read.com/u/38W28d

Also by Sermones Bíblicos

Estudiando El Tabernáculo de la Biblia
El Tabernáculo: Descripción de sus Componentes
Principios Bíblicos para una Iglesia: Ilustrados por El Tabernáculo
El Tabernáculo: En el Desierto y las Ofrendas
El Tabernáculo: Las Ofrendas Levíticas, el Sacrificio de Expiación
El Tabernáculo: Un santuario Terrenal

Estudio Bíblico Cristiano Sobrevolando la Biblia con Enseñanzas de la Sana Doctrina
Estudio Bíblico: Génesis 1. La Creación en Seis Días
Estudio Bíblico: Génesis 2. Estatutos de la Creación
Estudio Bíblico: Génesis 3. La Caída del Hombre
El Tabernáculo: En el Nuevo Testamento
Estudio Bíblico: Génesis 4. Aconteció Andando el Tiempo; Presente, Tributo, Oblación
Estudio Bíblico: Génesis 5. El Mensaje que Dios tiene para Nosotros en esta Genealogía
La Historia de Noé: Su Entorno, Su Experiencia, El Mandato y El Pacto
Estudio Bíblico: Sana Doctrina Cristiana: Introducción a la Biblia

Los Cuatro Evangelios de la Biblia
Analizando Notas en el Libro de Mateo: Cumplimientos de las Profecías del Antiguo Testamento

Los Cuatro Evangelios de la Biblia
Analizando Notas en el Libro de Marcos: Encontrando Paz en Tiempos Difíciles
Analizando Notas en el Libro de Lucas: El Amor Divino de Jesús Revelado
Analizando Notas en el Libro de Juan: La Contribución de Juan a las Escrituras del Nuevo Testamento

Notas en el Nuevo Testamento
Analizando Notas en el Libro de los Hechos: Un Viaje de Continuación en la Obra de Jesús

Profecías Bíblicas
Perfíl Profético: La Última Semana
Claras Palabras Proféticas: La Profecía Hecha Historia
Perspectiva de la Profecía: El Próximo Gran Acontecimiento
Desarrollo Profético de Dios: Las Señales de los Tiempos
Profecía Cronológica: Las Cosas que Sucederán en la Tierra
Seis Días Proféticos en la Biblia

About the Author

Esta serie de estudios bíblicos es perfecta para cristianos de cualquier nivel, desde niños hasta jóvenes y adultos. *Ofrece una forma atractiva e interactiva de aprender la Biblia,* con actividades y temas de debate que le ayudarán a profundizar en las Escrituras y a fortalecer su fe. Tanto si eres un principiante como un cristiano experimentado, esta serie te ayudará a crecer en tu conocimiento de la Biblia y a fortalecer tu relación con Dios. Dirigido por hermanos con testimonios ejemplares y amplio conocimiento de las escrituras, *que se congregan en el nombre del Señor Jesucristo Cristo en todo el mundo.*

About the Publisher

Editor

Elvis A. Betancourt T. 4135 Stoney Creek Dr., Lincolnton, NC 28092 *elvisbetancourtt@gmail.com*

Contáctenos

Preguntas y comentarios generales: *seminitt25@gmail.com*